यह रंग मेरा है!

नैंसी राज

अनुवाद सुषमा रौशन

Tulika

“हरा रंग किसका है?”

नन्हे-से लड़के ने पूछा।

“मेरा है!” चोंच से पंख सहलाते तोता तर्राया।

“मेरा है! मेरा है!” करेला कड़कड़ाया।

सूरज ने मुड़कर उन्हें देखा।

"लाल रंग किसका है?"

लड़के ने पूछा।

''मेरा है!'' टमाटर टुनटुन हँसा।

''मेरा है! मेरा है।'' केकड़ा कुड़कुड़कर बोला।

सूरज मुड़कर उन्हें घूरने लगा।

"पीला रंग किसका है?"
लड़के ने पूछा।

''मेरा है!'' लॉरी ने ललकार लगाई।
''हमारा है! हमारा है!'' सूरजमुखी के फूल खिलखिलाए।

सूरज मुड़कर उन्हें ताकने लगा।

"नीला रंग किसका है?"

लड़के ने पूछा।

''मेरा है!'' व्हेल ने विसल मारी।

''मेरा है! मेरा है!'' चिड़िया चहचहाई।

सूरज उन्हें एकटक देखने लगा।

“नारंगी रंग किसका है?”

लड़के ने पूछा।

“मेरा है!” गाजर गरजी।

“हमारा है! हमारा है!” जलेबियाँ जमकर बोलीं।

सूरज ने उन्हें देख आँखें तरेरी।

“बैंगनी रंग किसका है?”
लड़के ने पूछा।

“मेरा है!” बैंगन बढ़-चढ़ के बोला।

“हमारा है! हमारा है!” फूल शान से फूले।

सूरज ने उन्हें देख त्योरियाँ चढ़ा लीं।

“भूरा रंग किसका है?”
लड़के ने पूछा।

''मेरा है!'' कुत्ते ने कमर हिलाई।
''मेरा है! मेरा है!'' मिट्टी का मटका मटक उठा।

सूरज ने तिरछी आँखों से उन्हें घूरा।

#654321

"काला रंग किसका है?"
लड़के ने पूछा।

"मेरा है!" दादू का छाता छमकने लगा।
"मेरा है! मेरा है!" दादी के नकली बाल बलखाए।

सूरज उन्हें देख मुस्कुरा पड़ा।

“सफेद रंग किसका है?”

लड़के ने पूछा।

‘‘मेरा है!’’ पिताजी की कमीज़ कसमसाई।

‘‘मेरा है! मेरा है!’’ गाय महारानी रम्भाई।

सूरज ने मुड़कर उन्हें हाथ हिलाया...

...और हौले से समंदर में समा गया,
दिन के सारे रंगों को अपने में समेटते हुए!

This book came out of a non-fiction writing workshop supported by Parag and EdelGive Foundation.

Yeh Rang Mera Hai! (Hindi)

ISBN 978-81-947998-1-8

First published in India, 2020
Reprinted in 2023, 2025

Originally in English

Published by
Tulika Publishers, 305 Manickam Avenue, TTK Road, Alwarpet, Chennai 600 018, India
email reachus@tulikabooks.com *website* www.tulikabooks.com

Printed and bound by
Inkfinity, Chennai, India